Aaron Ruben Curcio

Learning by doing. Wie du dein eigenes Unternehmen
von hinten aufzäumst

AF235567

Aaron Ruben Curcio

Learning by doing.
Wie du dein eigenes Unternehmen
von hinten aufzäumst

2020
Rom
Autorenausgabe

Umschlaggestaltung unter Verwendung einer Abbildung
des Autors.

ISBN 9783751954303

Bibliografische Information der Deutschen Nationalbibliothek: Die
Deutsche Nationalbibliothek verzeichnet diese Publikation in der
Deutschen Nationalbibliografie; detaillierte bibliografische Daten
sind im Internet über dnb.dnb.de abrufbar.

Herstellung und Verlag: BoD – Books on Demand, Norderstedt
Printed in Germany.

Inhaltsverzeichnis

Vorwort

Oft hat man tolle Projektideen, die man gerne umsetzen will. Meistens scheitert das Projekt aber schon, bevor es überhaupt begonnen hat. Dies passiert, weil man keine Lust hat, marketingorientierte Bücher zu lesen oder sich mit Wirtschaftsfachbegriffen auseinanderzusetzen. Deshalb habe ich bei meinem ersten Start-up den Theorieteil einfach anfangs weggelassen und habe mich auf den praktischen Teil konzentriert. Spoiler: Es hat funktioniert!

In diesem Buch erkläre ich dir, wie du dein Projekt auch mit dem System „learning by doing" umsetzen kannst. Ich werde dir anhand meines Start-up-Unternehmens, den praktischen Weg von der Idee zur Umsetzung, ohne groß um den Brei zu reden, zeigen.

Du wirst sehen, dass sich diese Schritte mehr oder weniger von selbst ergeben werden, beim *doing*. Ich werde sie dir in den nächsten Kapiteln näher beschreiben und werde auch Probleme thematisieren, auf die ich gestoßen bin, die du vermeiden kannst.

Idee und Ziel

Die Idee und das Ziel sind wahrscheinlich die wichtigsten Elemente in deinem Projekt. Die meisten nennen es „Konzept" und schreiben einen mehrseitigen Text; das brauchst du gar nicht und ist anfangs völlige Zeitverschwendung. Du wirst dein „Konzept" in der Anfangsphase immer ändern, daran rumfeilen und Neues hinzufügen. Konzentriere dich lieber auf das Wesentliche und suche nach einer guten Idee.

Wer mit Scheuklappen durchs Leben läuft, wird nie etwas finden.

Wenn du keine gute Idee hast oder eine Idee ohne Ziel, dann wirst du das Projekt nicht umsetzen können, weil du dadurch selbst nach einer Weile nicht mehr daran glaubst. Bombardiere also jede Idee, die du hast, mit Fragen. Das Projekt darf dir nicht langweilig erscheinen; du musst dafür brennen. Wenn du dann selbst merkst, dass die Idee nichts ist oder nur ein kleiner „Hype" von einem Tag war, dann ist das gar nicht schlimm. Durch dumme Ideen kommt man nämlich manchmal auch auf gute Ideen.

Sobald du eine Idee gefunden hast, brauchst du ein klares Ziel. Beharre aber nicht auf einem bestimmten Ziel. Das kannst du auch im Laufe der Jahre ändern, wenn du merkst, dass ein anderer Weg, bzw. Ziel besser zu deiner Idee passt.

Du kannst dein Projekt aber auch umgekehrt angehen, indem du dir erst ein Ziel überlegst, das du erreichen willst. Dann überlegst du dir einfach welche Dienstleistung oder welches Produkt du brauchst, um dieses Ziel zu erreichen.

Ich erkläre dir diesen Prozess der Ideensuche und Zielsetzung anhand meines Startups konkreter. (Die grauen Texte zeigen meine konkreten Beispiele und Erfahrungen.)

Schon seit längerer Zeit wollte ich aktiv werden und habe nach einer Geschäftsidee gesucht, die folgende drei Ziele haben sollte:

1. Ich möchte etwas für die Umwelt tun und das Verhalten der Menschen in unserer Wegwerfgesellschaft verändern.
2. Ich möchte eine Geschäftsidee haben, die gleichzeitig auf das Bewusstsein der Konsumenten Einfluss nimmt.
3. Ich möchte mit dieser Geschäftsidee Geld verdienen.

Das war gar nicht so einfach, denn irgendwie haben sich für mich Umweltbewusstsein und Geldverdienen zuerst ausgeschlossen. Was will ich verkaufen und warum? Ich hatte mir ja eigentlich keine Gedanken über das Konzept gemacht. Am Anfang wollte ich T-Shirts verkaufen, dann kam ich auf handwerkliche Produkte aus Sizilien, da mein Vater in Sizilien Unternehmer ist und ich dort vielleicht eher Kontakte habe und die Produkte von dort beziehen könnte. Richtig überzeugt hat mich das alles nicht. Dann kam ich bei einem Gespräch mit meinem Vater auf die Möglichkeit, Produkte aus Bambus zu verkaufen. Bambus ist ein Naturprodukt, also ökologisch abbaubar und es schien mir auch nachhaltig zu sein.

Du siehst, ich habe meine Idee zwei Mal geändert und das ist okay. Hinterfrage immer deine Ideen, bis du zufrieden bist.

Kommen wir zum letzten Punkt der Ideenfindung; der Mehrwert. Achte immer darauf, dass deine Idee einen Mehrwert hat, bzw. Konsumenten etwas nützt. Informiere dich zudem auch, ob diese Idee schon existiert oder wieviel Konkurrenz du hast. Würde jemand deine Dienstleistung oder dein Produkt kaufen? Erzeugst du irgendeinen Mehrwert? Wenn die Antwort auf diese Fragen ein Ja ist, kannst du zum nächsten Schritt gehen; zur Produktwahl.

Produktwahl

Du hast jetzt eine Produktidee und willst diese umsetzen. Davor musst du aber noch wichtige Informationen zu deinem Produkt sammeln. Aus welchem Material willst du dein Produkt herstellen? Wie soll es aussehen? Farbe? Design? Wie steht es mit der Konkurrenz? Wo siehst du auf dein Produkt bezogen eventuelle Marktlücken?

Wie findet man nun Produkte aus Bambus bzw. für welche sollte ich mich entscheiden? Bei der Recherche im Internet stößt man natürlich mittlerweile auf viele Firmenseiten, die Bambusprodukte verkaufen, wie z.B. *Ikea* oder Baufirmen, die mit Bambus arbeiten, wie *bambeau.de*. Es gibt unendlich viele Produkte aus Bambus: Möbel, Geschirr, Handtücher, Parkett, Zäune, Terrassendielen, Geländer, ganze Häuser werden mittlerweile damit gebaut und sogar Toilettenpapier kann aus Bambus bestehen. Um einen schnelleren Überblick zu erhalten, habe ich den Suchstring „Bambusprodukte" in *Google Bilder* eingegeben. Auf den ersten Seiten erschienen unter anderem Zahnbürsten und Sonnenbrillen, Produkte, die mich auf den ersten Blick angesprochen haben und ich mir gut für die Vermarktung vorstellen konnte.

Nach einer intensiven Auseinandersetzung mit diesen beiden Produkten, habe ich mich für Bambus-Zahnbürsten und Bambus-Sonnenbrillen entschieden. Zahnbürsten braucht man immer und das regelmäßige Wegwerfen von Plastik kann verhindert werden. Sonnenbrillen sind ein cooles, trendiges Produkt, wo man mit verschiedenen Modellen unterschiedliche Typen von Menschen ansprechen kann und außerdem hat jeder eine Sonnenbrille. Man kann immer mehr beobachten, dass die Leute nicht nur eine Sonnenbrille haben, sondern auch nach der Mode gehen. Selbst wenn man die Auswahl zum Teil begründen kann, bleibt sie doch auch eine subjektive und auch emotionale Entscheidung. Zudem habe ich festgestellt, dass auf dem Italienischen Markt Bambus Sonnenbrillen und Zahnbürsten sehr gering zu finden sind. Online gibt es nur wenige Anbieter und in Geschäften habe ich sowas bis jetzt noch nie gesehen.

Das Material und das Design sind sehr wichtig für die Produktwahl. Diese Eigenschaften spiegeln nämlich deine Marke wider. Ist deine Marke umweltfreundlich? Dann setze auf nachhaltige Materialien. Ist dein Produkt einzigartig und braucht ein besonderes Design? Skizziere das am besten und schreibe dir alle Eigenschaften auf, die dein Produkt enthalten soll.

Wie sieht es mit der Konkurrenz aus? Hast du überhaupt welche? Falls du keine Konkurrenz hast, dann hast du eine Marktlücke entdeckt. Falls du online viel Konkurrenz findest, bedeutet das noch lange nichts. Denn oftmals ist es so, dass das Produkt nur in verschiedenen Ländern oder Regionen erhältlich ist. Manchmal sind viele Produkte online vertreten, aber nicht in Läden. *Fritz Cola* z.B. hat trotz der starken Konkurrenz von *Coca Cola* in Hamburg Erfolg. Mittlerweile ist *Fritz Cola* in vielen anderen Bars in ganz Europa erhältlich. Lass dich also nicht von der Konkurrenz einschüchtern. Dennoch wirst du es leichter haben, wenn du keine Konkurrenz hast.

Einkauf

Beim Einkauf deines Produktes solltest du auf verschiedene Dinge achten. Der Preis und der Produktionsort spielen eine große Rolle. Falls du nicht der Einzige/die Einzige auf dem Markt bist, solltest du dich im Internet informieren, für welchen Preis du dein Produkt verkaufen kannst. Am besten vergleichst du viele verschiedene Anbieter. Falls du bei deinem Produkt oder Dienstleistung keine Konkurrenz hast, solltest du dir bevor du Produktionsfirmen suchst trotzdem Gedanken machen, für wie viel du dein Produkt im Idealfall verkaufen möchtest. Der Produktionsort steht unter anderem mit dem Material in Verbindung. Wenn du Materialien verwendest, die nur in bestimmten Ländern erhältlich sind, wirst du bei der Wahl des Produktionsortes sehr eingeschränkt sein.

Im Oktober 2017 habe ich zuerst wieder eine Internetrecherche gemacht und gehofft, auf Internetseiten zu stoßen, wo ich Hersteller für Bambus-Sonnenbrillen und für Bambus-Zahnbürsten finden konnte. Da dies zu keinen Ergebnissen führte, habe ich mir einen „Trick" einfallen lassen. Ich wusste ja, dass die meisten Bambusprodukte aus China kommen. Da ich aber kein Chinesisch kann, habe ich im Übersetzungsprogramm von *Google* den Begriff „Bambus Sonnenbrillen" eingetippt und ihn auf Chinesisch übersetzen lassen: 竹制太阳镜 (Zhú zhì tàiyángjìng). Dies habe ich als Suchstring in *Google Bilder* eingegeben und bin zu Webseiten von Produktionsfirmen in China gekommen, die z.T. auch eine englische Seite hatten.

Diese Firmen habe ich dann angeschrieben und habe sie nach Informationen zu den Produkten gefragt, sowie Preis und Transportkosten. Ein paar Tage darauf bekam ich drei Mails von Firmen, die Bambusprodukte verkauften. Zwei davon verkauften Zahnbürsten und eine davon Sonnenbrillen. Zu einem späteren Zeitpunkt besuchte ich im Sommer 2018, zusammen mit meinem Vater Gerrit, die Firma um mich von der Qualität der Produkte und der menschengerechten Arbeitsbedingungen zu überzeugen.

Der Weg zu einer guten Produktionsfirma ist schwierig. Es gibt mittlerweile B2B Plattformen wie *Alibaba.com*, die dir die Suche erleichtern. Nichtsdestotrotz solltest du immer nach anderen Alternativen suchen. Informiere dich gründlich im Internet und suche nach Firmen, die dein Produkt oder ähnliche Produkte herstellen. Suche zudem auch in deiner Region nach bestimmten Produktionsfirmen, denn oft befinden sie sich näher als man denkt. Versuche einen direkten Kontakt zu der Produktionsfirma zu finden und schalte Zwischenhändler aus. Dadurch bekommst du einen größeren Spielraum im Preis.

Im Idealfall befindet sich die Produktionsfirma in deinem eigenen Land. Dadurch kannst du dir die Produktion auch mal anschauen und du sparst Kosten am Zoll.

Sobald du eine Firma gefunden hast, die dein Produkt für dich herstellen kann, werden neue Schwierigkeiten auf dich zukommen. Meistens liegt es an der Bestellmenge. Die meisten Produktionsfirmen haben eine zu große Mindestmenge. Lass dich aber dadurch nicht einschüchtern. Verhandle mit ihnen. Wenn du ihnen z.B. sagst, dass du eine kleinere Menge bestellen möchtest, um das Produkt zu testen und zu schauen, wie es bei deinen Kunden ankommt, haben sie meistens Verständnis dafür.

Name und Logo

Bevor du eine Bestellung bei einer Produktionsfirma starten kannst, musst du dir noch über etwas Anderes den Kopf zerbrechen; den Namen. Denn diesen ändert man nicht mehr. Überlege dir dazu:

- Ist er ein erfundenes Wort oder ein existierendes?
- Passt der Name zu meinem Produkt?
- Ist die Länge des Namens angemessen?
- Verwendet jemand diesen Namen schon?

Das sind die wesentlichen Fragen, die du dir stellen solltest. Falls du ein existierendes Wort nehmen willst, kannst du dir auch noch überlegen, ob es ein internationales Wort sein soll oder eines in deiner Landessprache. Wenn du dir schon sicher bist, dass du nur in deinem Land verkaufen willst, dann solltest du einen Namen in deiner Sprache verwenden.

Achte bei erfundenen Namen darauf, dass kein Copyright besteht. Meistens ist man nicht der/die Erste, der/die auf einen bestimmten genialen Namen kommt. Suche den Namen also im Internet, bevor du dich entscheidest. Denn stell dir vor, du suchst dir einen Namen aus, den schon eine große Marke trägt und immer, wenn ein Kunde von dir deine

Marke im Internet sucht, wird er auf diese andere Firma stoßen.

Wenn du jetzt den richtigen Namen gefunden hast, musst du dein Logo entwickeln. Ein Logo kostet bei einem professionellen Designer viel Geld. Doch es gibt Möglichkeiten ein hochwertiges Logo billig zu erhalten oder gar nichts dafür zu bezahlen. Du kannst entweder einen Freund oder eine Freundin fragen, der/die gut zeichnen kann, ob er/sie das für dich machen kann oder du machst es selbst. Die andere Variante ist, auf Portale wie z.B. *fiverr.com* zu gehen und dir ein Logo designen zu lassen. Meistens kannst du ein gutes Logo schon zwischen 5 und 30€ erwerben.

Beim Design des Logos musst du dir verschiedene Dinge überlegen:

- Will ich einen Schriftzug oder eher ein Icon?
- Soll in meinem Logo der ganze Name meiner Marke zu sehen sein oder nur Bruchteile?
- Wie soll mein Logo optisch aussehen? edel? streng? gefühlvoll? aggressiv? jugendlich? futuristisch? …
- Welche Farben soll ich nutzen?

Das Logo muss eine Widerspiegelung deiner Marke sein. Verkaufst du edle Produkte? Dann solltest du vielleicht einen edlen Schriftzug nehmen. Verkaufst du Bioprodukte? Dann solltest du eventuell grüne Farben miteinbauen.

Um einen passenden Namen zu finden musst du dir viele Gedanken machen. Dazu solltest du aber nicht in einem Büro sitzen, auf ein Blatt Papier starren und dein Gehirn nach Ideen durchforsten. Das macht meiner Meinung nach nur wenig Sinn. Denn um eine gute Idee zu entwickeln, musst du dein Gehirn mit neuem Input füttern. Wenn du draußen mit Freunden bist, dir in der Natur die Beine vertrittst oder schwimmen gehst, wird dein Gehirn konstant mit neuen Eindrücken und Geschehnissen bombardiert. Das führt dazu, dass dein Gehirn viel mehr Verbindungen kreiert, als wenn du in einem Zimmer vor einem leeren Blatt sitzt. Mit dieser Methode förderst du deine Kreativität.

Im Juli war ich eine Woche bei Freunden in Alicante (Spanien) und an einem Abend haben zwei Freunde, die immer viel rauchen, spaßhalber zueinander gesagt "You are addicted!" (‚Du bist süchtig'.). Und das brachte mich auf den Namen: *Addicted To*. Der Name hat mir deshalb so gut gefallen, weil man ihn immer mit anderen Wörtern kombinieren kann, z.B. *Addicted to Nature* (‚süchtig nach Natur'), *Addicted to Bamboo* (‚Süchtig nach Bambus'). Die Slogans sollten also mit „*Addicted to...*" beginnen.

Du wirst schnell merken, dass dir die besten Ideen draußen einfallen und nicht in einem Zimmer. Wenn ich mit meinem Vater zusammen nach Ideen und Problemlösungen suche, gehen wir immer im Meer schwimmen. Irgendwann halten wir an und überlegen uns die verrücktesten Dinge. Mit dieser Methode sind wir schon auf die besten Ideen gekommen.

Bei der Suche nach einem passenden Logo kamen mir verschiedene Fragen in den Sinn: Worum geht es in einem Logo? Welche Charakteristika muss bzw. sollte ein Logo besitzen? Brauche ich ein Logo und einen Schriftzug oder reicht eins von beiden? Sollte das Logo/Schriftzug diagonal, vertikal oder gar rund sein? Was davon ist taktisch besser? Wo bekomme ich ein richtig gutes Logo für wenig Geld?
Ich hatte verschiedene Optionen: Entweder frage ich einen Freund, der mir dabei (wahrscheinlich sogar gratis)

helfen kann oder ich suche im Internet nach einem professionellen Designer. Ich entschied mich für die zweite Variante, weil ich damals niemanden kannte, der so etwas für mich machen konnte. Es war eine emotionale, intuitive Entscheidung. Demzufolge suchte ich im Internet nach Webseiten, die einen solchen Service anbieten. Dabei stieß ich auf *www.fiverr.com*, wo ich mir einen Schriftzug herstellten lies.

Abb. 1: Logo mit rotem Unterstrich

So entstand die Basis des *Addicted To Nature*-Logos. (Abb. 1) Die Frage also, ob ich eher einen Schriftzug oder ein normales Logo möchte, löste sich dadurch. Mir fiel etwas später jedoch auf, dass die Farbe Rot viel zu sehr herausstach und keine Farbe ist, die man mit der Natur in Zusammenhang bringen würde. Deshalb wechselte ich die Farbe des Unterstrichs von Rot zu Grün (vgl. Abb. 2).

Abb. 2: Logo mit grünem Unterstrich

Die ersten Produkte wurden mit diesem Logo versehen, doch später erst, als ich den Namen *Addicted To*, in *Addicted To Nature* änderte, erschien es mir logisch, in den Schriftzug auch das Wort *Nature* einzubauen. Dadurch entstand das neue Logo, das aktuell immer noch in Gebrauch ist (vgl. Abb. 3).

Abb. 3: Logo von Addicted To mit dem Wort Nature

E-Mail und Webseite

Jedes Unternehmen braucht heutzutage in der digitalen Zeit eine Webseite und eine elektronische Kontaktadresse. Um dein Produkt auch online verkaufen zu können, solltest du eine Webseite besitzen.

Es lohnt sich immer eine Webseite zu haben, egal ob du ein Produkt verkaufst oder nicht. Dadurch wirst du nämlich im Internet gefunden. Unter anderem macht eine Webseite deine Marke direkt professioneller und interessanter. Deine E-Mail und deine Webseite sollten idealerweise dieselbe Domain haben, wie z.B. bei mir: Webseite: www.**addicted-to.com** und E-Mail: info@**addicted-to.com**. Du muss dich jedoch noch informieren, ob die Domain, die du gerne haben möchtest noch erhältlich ist. Schaue zudem auch auf die Endung. Willst du nur in einem bestimmten Land verkaufen? Dann nutze die entsprechende Endung. Willst du z.B. nur in der Europäischen Union verkaufen, dann nutze *.eu* oder international dann nutze *.com*. Parallel musst du nach einem Anbieter suchen. Viele Anfänger nutzen *Wix.com*. Sehr beliebt in Europa ist z.B. *Wordpress.com*. Es gibt aber noch viele andere Anbieter. Passe jedoch auf, denn viele Anbieter machen einen guten Eindruck, doch sind in der SEO[1] (Suchmaschinenoptimierung) sehr schlecht.

Dadurch wirst du im Internet sehr schlecht gefunden. Informiere dich aber selbst, und entscheide, welchen Anbieter du als den besten bewertest.

Deine Webseite kannst du übrigens auch schon aufbauen, bevor dein Produkt erhältlich ist. Und falls du noch keine Bilder hast, ist das auch nicht so schlimm, du wirst sowieso keine oder nicht viele Besucher am Anfang haben. Es ist auf jeden Fall wichtig, dass du dich um eine Webseite kümmerst. Sonst wirst du ja nicht gefunden. Das Problem ist, dass du nicht direkt auf Platz 1 im Suchergebnis erscheinen wirst, wenn man dein Produkt sucht. Dafür braucht es Zeit. Wenn du also schon früh anfängst, dann wirst du auch früher auf der ersten Seite der Suchergebnisse zu finden sein. Die Bilder deiner Produkte fügst du einfach nachher hinzu. Gleichzeitig bist du dann *in time*, wenn dein Produkt da ist und du es vertreiben kannst. Denn dann musst du nicht noch die Webseite von Null aufbauen.

Über *Google* fand ich verschiedene Anbieter, wie z.B.: *Wordpress* und *Wix*. Beide schienen mir gleich gut zu sein, und deshalb entschied ich, bei beiden eine Probewebseite zu kreieren. Ich fing mit *Wordpress* an. Bei diesem Anbieter konnte ich zwischen verschiedenen kostenlosen *Themes* entscheiden und fand schnell heraus, dass mir die *Themes* überhaupt nicht gefielen und alles viel zu kompliziert aufgebaut war. Um kleine Änderungen im Layout vorzunehmen, hätte ich im Code mit Informatikkenntnissen arbeiten müssen, und dafür hätte ich viel zu lange gebraucht. Deshalb habe ich mich nicht lange mit dieser Webseite (www.addicted-to.eu) aufgehalten, fügte nur 3 Produkte hinzu, und wechselte zu *Wix*. Bei *Wix* bemerkte ich dann, dass es viel einfacher ist, eine eigene Webseite zu gestalten.

Deshalb baute ich die Webseite dort richtig auf, d.h. mit korrekter *SEO* und Bildbeschriftung auf *www.addictedto.store*. Aber auch *Wix* hat so seine Tücken. Was ich erst im Nachhinein festgestellt habe, ist, dass man nicht so gut auf *Google* gefunden wird, wie bei *Wordpress*. Das hat damit zu tun, dass *Wix* eine Art „Baukasten-Webseite" ist und deshalb die „Google-Roboter", die die Webseiten auf wichtige Schlagwörter, relevante Texte, Bilder und Videos hin untersuchen, dich nicht so einfach finden können. Deshalb kam es öfters vor, dass ich mehr Aufrufe auf der alten Webseite hatte, als auf der neuen, obwohl viel mehr Inhalt auf der neuen Webseite war. Das änderte sich leider erst nach mehreren Monaten, weil ich alleine war und kaum Zeit hatte, Texte zu schreiben. Mittlerweile benutze ich wieder *Wordpress,* um doch besser auf *Google* gefunden zu werden.

Es ist also ganz wichtig, dass du dich mit den Vor- und Nachteilen verschiedener Anbieter vorher auseinandersetzt und sie in Bezug auf dein Ziel abwägst. Gerade damit du so einen Wechsel vermeidest.

Kommen wir zur E-Mail-Adresse. Idealerweise sollte deine E-Mail professionell wirken. Das ist Anfangs eventuell schwierig, wenn du noch in der Erfindungsphase bist und die noch nicht sicher bist, wie du deine Marke benennen möchtest oder einfach noch nicht das Geld hast, dir eine eigene Domain dafür zu kaufen. Achte jedoch in Zukunft, dass der Name deiner Marke in deiner E-Mail vorhanden ist.

Im August 2017 habe ich eine E-Mail-Adresse beantragt, damit ich nicht mit meiner privaten E-Mail die Korrespondenz führen muss. Die erste E-Mail-Adresse, die ich hatte, war eine kostenlose: *addicted.to@libero.it*. Da diese Adresse jedoch keine eigene Domain hat und sehr unprofessionell wirkte, habe ich später, im Oktober, bei 1&1

(https://webmailer.1und1.de/) eine neue E-Mail-Adresse beantragt: *info@addicted-to.eu*. Diese hat den Vorteil der eigenen Domain und außerdem bekam ich gleichzeitig eine Webseite: *www.addicted-to.eu*. Schade war im Nachhinein, dass ich nun auf die gemeinsame Domain von *www.addicted-to.eu* und *info@addicted-to.eu* verzichten musste, weil ich eine neue Seite auf Wix.com aufgebaut habe und nicht wusste, wie man diese Domain transferiert. Jetzt existiert nur noch die E-Mail-Adresse *info@addicted-to.com*, mit der Web-Adresse *www.addicted-to.com*.

Ein ständiges Hin und Her mit den Domains und E-Mails wie bei mir ist nicht gut. Entscheide dich also am besten von Anfang an für eine Linie und versuche sie beizubehalten.

Eine Webseite gibt dir zudem auch große Flexibilität und Sicherheit, was ja gerade in der Zeit eines Lockdowns existenzrelevant sein kann. Würde man nur von dem Verkauf in echten Läden abhängig sein, wäre das total schlecht. In solchen Situationen können gerade Webseiten und Online-Shops eine große Rolle spielen.

Marketing und Vertrieb

Nachdem du ein Produkt hast, musst du dir überlegen, wie du dieses konkret vertreiben und verkaufen willst/kannst. Dabei kann es sich um zwei Arten von Geschäften handeln: *B2B* (*Business to Business*) oder *B2C* (*Business to Consumer*).[2] Dazu gibt es folgende Möglichkeiten: 1. Verkauf an Bekannte, 2. Verkauf über eine Webseite, 3. Verkauf in Läden, 4. Verkauf auf Events, 5. Vertrieb über *Reseller*[3] und 6. die Werbung über die Sozialen Medien wie *Facebook*, *Instagram*, usw., auch mithilfe von *Influencern*. Diese konkreten Aktionen, habe ich auch im ersten Jahr angewendet. Diese Verkaufsmöglichkeiten werde ich in diesem Kapitel darlegen.

Verkauf an Bekannte

Dieser Punkt ist in den ersten 2-3 Monaten der wichtigste, denn durch den Verkauf deines Produktes an Bekannte und Freunde, bzw. über die Mund-zu-Mund-Propaganda, kannst du einen Teil deiner Unkosten auffangen, und du hast sofort Geld, um z.B. in neue Produkte zu investieren.

Ich möchte noch hinzufügen, dass ich mich, bevor das Produkt da war, mit einigen Freunden, die Betriebswirtschaftslehre (BWL) und Management studieren, austauschte, wie ich mein Produkt gerade zu Beginn am besten verkaufen konnte. Sie haben mir empfohlen, das Produkt sofort online zu verkaufen und zu versuchen, bei Läden „einen Fuß in die Tür" zu bekommen. Als ich sie fragte, ob es nicht auch taktisch sinnvoll wäre, zu versuchen, das Produkt hauptsächlich an Freunde zu verkaufen, meinten fast alle, dass so etwas unsinnig und unprofessionell wäre und man auch nicht viel dabei verdienen könnte. Ich habe aber trotzdem geglaubt, dass das eine gute Idee war und habe mich nicht beirren lassen. Aus heutiger Sicht kann ich doch sagen, dass „diese paar Kröten" wichtig waren und mir die Motivation gaben, weiter zu machen und weiter zu investieren. Mit dieser also „unprofessionellen" Taktik habe ich meine ganzen Unkosten (Einkauf) schon im ersten Monat begleichen können und hatte immer noch einen großen Lagerbestand zur Verfügung.

Verkauf über eine Webseite

Der Aufbau einer Webseite bedeutet langfristige Arbeit. Wenn du in der ersten Woche viel Zeit in die Webseite steckst, wirst du nicht gleich in der zweiten Woche dafür belohnt. Das dauert üblicherweise lange, benötigt Zeit und Pflege. Fange also so früh wie möglich mit dem Aufbau und der Pflege der Webseite an. (vgl. Kap. 5)

Wenn man sich mit Webseiten beschäftigt, wird man auf viele Fragen stoßen, die im Netz nicht eindeutig beantwortet werden. Oft sagt ein Experte eine Sache und ein anderer Experte das Gegenteil. Nichtsdestotrotz gibt es einheitliche

Regeln, die du beachten solltest. Deine Webseite sollte von Anfang an sauber aufgebaut werden. Damit sind viele Dinge gemeint, wie z.B. der korrekte Aufbau der Überschriftenhierarchie (H1/H2/H3)[4], die Verwendung der exakten *Keywords* (Schlüsselwörter)[5], eine passende URL, eine richtige Bildbeschreibung, die Verwendung von Strichen (-) als Leerzeichen in Bildern und so weiter.

Als ich auf *Wix.com* und *Wordpress.com* Probeseiten einrichtete, musste ich mich zwischen einer Version entscheiden. Ich entschied mich für eine Webseite auf *Wix.com,* denn der Aufbau der Webseite war Kinderleicht und das Layout sah gut aus. Zudem traf ich auf ein paar Experten im Internet, die *Wix.com* als „Host" (Datenbankanbieter) bevorzugen.

Dann stieg ich aber auf *Wordpress.com* um und hatte auf einmal sehr viele Möglichkeiten mehr, meine Webseite zu verbessern. Damit will ich aber nicht sagen, dass *Wordpress.com* besser als *Wix.com* ist. Es gibt momentan einfach mehr Tools auf *Wordpress*, die ich konkret für meine Webseite brauchen konnte.

Ich steckte sehr viel Arbeit in die jetzige Webseite und habe mittlerweile über 126 Seiten. Zudem habe ich die Webseite manuell auf Deutsch und Italienisch übersetzt, um den Shop für deutsche und italienische Kunden interessanter zu machen. Und ich kann mittlerweile sagen, dass es sich definitiv gelohnt hat. Die meisten meiner Kunden sind Deutsche und an zweiter Stelle kommen Italiener. Es kommen zudem immer mehr Online Bestellungen zustande.

Mittlerweile habe ich 122 Produkte (Stand: 012.05.20) in meinem Onlineshop. Das alleine bringt mir aber wenig. Ich benötigte auch Texte auf meiner Webseite. Google bewertet nämlich eine Seite auch auf ihrer Textrelevanz, bzw. Textmenge. Deshalb habe ich auf meiner Webseite Seiten wie „About Us", „Events" oder den „Blog" hinzugefügt, damit sich meine Kunden über unsere Initiativen informieren können. Zudem ist eine „FAQ" (*Frequently Asked Questions*) Seite noch wichtig, in der man auf häufig gestellte Fragen schnell und direkt eine Antwort findet.

Ein Onlineshop mag vielleicht nach wenig Arbeit und frühen Ergebnissen aussehen, ist jedoch aber das komplette Gegenteil. In meiner Schulzeit habe ich damit schon angefangen und habe oft 14 Stunden pro Woche dafür geopfert. Meine Produkte wurden jedoch überhaupt nicht gekauft. Ich bekam zudem auch echt wenige Besucher. Das war mies, doch ich wusste, dass sich das irgendwann auszahlen wird und habe weitergemacht. Mittlerweile kommen regelmäßig Bestellungen rein und mir wurde in der Quarantänezeit (Coronavirus) die Wichtigkeit einer Webseite noch deutlicher.

Verkauf in Läden

Du kannst Geschäfte im Internet kontaktieren oder persönlich vorbeigehen. Viele werden dich abwimmeln, oft sind es Ketten. Die beste Chance hast du also bei kleinen Einzelhandelsgeschäften, wo du direkt an die Verantwortlichen gelangen kannst, um sie zu überzeugen.

Als die Sonnenbrillen ankamen, war ich gerade bei meinem Vater in Sizilien und deshalb bin ich dort mit ihm in ein paar Sonnenbrillengeschäfte gegangen, um zu fragen, ob sie unsere Produkte verkaufen könnten. Aber ohne Erfolg. Heute weiß ich, dass es keinen Sinn hat, mit Angestellten, also dem Verkaufspersonal, darüber zu sprechen; man muss den Kontakt direkt mit der verantwortlichen Person herstellen. Erst am Ende der Saison gelang es uns, die Geschäftsführerin eines Ladens, die ökologische Produkte verkaufte, zu überzeugen, unsere Brillen mit ins Sortiment zu nehmen. Es war ein Einzelladen und keine Kette.

Verkauf auf Events

Ein Versuch war der, bei Events die Produkte an einem Stand zu verkaufen. Ich wollte sehen, wie Kunden auf meine Produkte reagieren und welche am meisten verkauft werden.

Ich habe bei der Eröffnungsfeier des neuen Standortes unserer Schule im Januar 2018 einen kleinen Stand organisiert. Eigentlich ging es nur um die Präsentation meines Start-up-Projektes; ich hatte gar nicht das Ziel, etwas zu verkaufen. Deshalb war ich umso mehr überrascht, dass ich ohne große Vorbereitung und Ankündigung ein paar Sonnenbrillen verkauft habe. Auch beim zweiten Mal, dem Verkaufsstand an der Weihnachtsfeier unserer Schule im Dezember 2018 konnte ich einige Zahnbürsten und Brillen „an den Mann bzw. an die Frau bringen". Mittlerweile sind wir bei großen Veranstaltungen vertreten wie z.B. die *German Ice Swimming Open* in Deutschland, wo wir auch als Sponsoren aufgetreten sind, mit einer speziellen für den Event kreierten Brille. Als *Addicted To Nature*-Team haben wir sogar am Wettkampf teilgenommen. Der Verkaufsstand war also kombiniert mit unserer Teilnahme und dem Sponsoring. Dazu organisieren wir mittlerweile auch selbst ein Event; die *Zollhaus Ice Swimming Open.*

Wenn du es schaffst auf einem Event einen Stand aufzubauen, wirst du mit Sicherheit etwas verkaufen. Und wenn nicht, wirst du Kunden erreicht haben und diese auf dich aufmerksam gemacht haben. Es sind immer potentielle Multiplikatoren. Zudem sind solche Events, in denen du im direkten Kontakt mit Konsumenten stehst, die besten, denn dadurch siehst du nicht nur für welche Produkte sich die Konsumenten begeistern, sondern auch welche Produkte nicht so gut laufen.

Es ist auf jeden Fall immer wichtig, dass man auf mehreren Beinen steht.

Reseller

Als *Reseller* bezeichnet man eigentlich Fachhändler, die ein Produkt vom Produzenten zum Endkunden bringen und es gibt auch Marketingstrategien, die man als *Network Marketing* bezeichnet. Diese Strategien kannst du natürlich auch anwenden. Anfangs ist es jedoch besser, wenn du deine Freunde und Bekannte zu sogenannten *Resellern* machst. Diese können deine Produkte dann auf Kommissionsbasis an weitere Freunde verkaufen und du siehst sofort, was sich am meisten verkauft und vor allem in welchen sozialen Kreisen sich deine Produkte verkaufen.

Reseller können mit guter Koordination sehr viel Geld bringen. Deshalb fragte ich einige Freunde und Verwandte, ob sie nicht Interesse hätten, ein Paar meiner Produkte zu verkaufen und dafür 20%-30% zu bekommen. Viele waren interessiert, aber nur einige verkauften etwas. Zudem war ich damals sehr schlecht in der Koordination, vernachlässigte meine Reseller und belieferte sie nicht mit den neusten Produkten. Zudem fehlte mir damals einfach der richtige Plan, damit sich das Ganze auch lohnte.

Werbung über Soziale Medien

Du kannst die Sozialen Medien hassen oder lieben, nichts ändert sich aber daran, dass du sie brauchst. *Instagram* und *Facebook* gehören mittlerweile zu den wichtigsten Sozialen Medien. Jedoch können sich z.B. *Twitter*, *Pinterest* und *YouTube* auch nützlich erweisen. In den Sozialen Medien geht es hauptsächlich um das Image deiner Marke, das du mit Fotos, Videos und Texten dem Konsumenten näherbringen willst. Versuche zudem keine langweiligen Posts zu machen oder immer das Gleiche zu posten. Nur das besondere zählt im Internet und bleibt den Konsumenten im Gedächtnis.

Im August habe ich dann auch einen Instagram-Account eröffnet, mit dem Namen: „addicted_to_official". Sofort nach dem Einrichten des Accounts habe ich schon kleine Videos und Fotos gemacht, die auf die Umweltprobleme unserer Welt aufmerksam machen sollten. Die Videos waren noch ganz ohne Produkte, sollten aber schon versuchen, Follower anzulocken und das *Nature feeling* zu übermitteln.

Abb. 4: Screenshot aus dem Video-Clip „Cook Islands" für Youtube[6]

Abb. 5: Screenshot aus dem Video-Clip „Magic Forest" für Instagram[7]

Die *Accounts* für die *Socials*, in denen wir vertreten sind, hatte ich teilweise schon vor dem Ankommen der Sonnenbrillen erstellt. *Instagram* und *Facebook* sind ein *Must* und waren deshalb auch die ersten Accounts, die ich erstellte. Darauf folgten *Socials* wie *Vero*, *Pinterest*, *Twitter* und *Youtube*. Ich baute alle Accounts gut mit Bildern und Videos auf, vernachlässigte aber *Vero*, *Twitter* und *Pinterest*, weil es einfach zu viel Arbeit war, auf jedem *Social* jedes Bild zu *reposten*. *Instagram* ist ein großes Thema, weil es momentan eins der meist benutzen *Socials* auf der Welt ist, vor allem bei jungen Menschen und Menschen, die sich ein junges, modernes Image geben möchten.

Das *Feeling*, das wir den Konsumenten „verkaufen" wollen, kann man genau auf solchen *Socials* gut „rüberbringen", mit entsprechenden Bildern und Videos. In diesem Fall habe ich mich für die Bilder und Videos entschieden, in denen die Produkte inmitten der Natur, manchmal auch entsprechend der Jahreszeit, z.T. mit Personen, vorkommen.

Abb. 6: Post auf Instagram im Herbst[8]

Das *Posten* der Produkte genügt aber oft nicht, um auf den *Socials* bekannt zu werden. Man braucht *Follower* und *Likes*. Denn umso mehr *Likes* man pro *Post* bekommt, umso besser ist das *Fame-Image* des Accounts. Das Gleiche gilt in Bezug auf die *Follower*. Viele Marken bezahlen deswegen für extra *Follower* und *Likes*. Ich entschied mich aber dagegen, weil das keine echten *Followers* und *Likes* sind, ergo hat man keine wirklich interessierten Personen, und somit auch keine Käufer. In den Sozialen Medien (vor allem auf *Instagram*) gibt es *Influencer*, die gegen Bezahlung oder gegen das Produkt für ein bestimmtes Produkt werben und viele Ratschläge geben, um bekannt zu werden. Da die meisten *Influencer* viel Geld verlangen, schloss ich für mich auch diese Option bis jetzt aus.

Du musst nicht unbedingt gleich 10 Soziale Netzwerke pflegen, da würdest du verrückt werden und die Zeit wäre schlecht investiert. Dennoch schadet es nicht, auch auf Sozialen Netzwerken vertreten zu sein, auf denen du wenige Aufrufe bekommst. Pinterest wollte ich z.B. vor kurzem aufhören zu pflegen, habe dann aber zufällig im Internet Fotos von meinen Produkten gefunden, die ich über Pinterest vor einem Jahr gepostet habe. So können Konsumenten auch auf dich aufmerksam werden und deine Webseite besuchen. Mein Vater sagt dazu immer:

Wenn du keine Nachricht ins Weltall sendest, kannst du auch nicht erwarten, dass eine Nachricht zurückkommt.

Jetzt denkst du wahrscheinlich; „Ist ja alles schön und gut, aber woher bekomme ich das Geld für mein Projekt?" Darüber werde ich im letzten Kapitel sprechen.

Finanzierung und Rechtsform

Die Finanzierung ist der Schlüssel für den Start. Es gibt verschiedene Finanzierungsmöglichkeiten oder -methoden, wie du an Geld rankommst. Zum einen gibt es externe Finanzierungsmöglichkeiten oder interne (du selbst oder deine Familie). Überlege dir zuerst, wieviel Geld du für den Start benötigst. Sind es 50€ oder gar 5000€? Wenn du das gewünschte Budget ausgerechnet hast, solltest du dir überlegen, welche Finanzierungsmöglichkeit für dich machbar ist und damit ganz realistisch ist. Versuche jedoch immer zuerst, eine externe Finanzierung zu finden. Dafür gibt es super Crowdfunding-Plattformen[9] wie z.B. „Kickstarter". Das ist nur eine von vielen Möglichkeiten, die es gibt. Du kannst z.B. auch versuchen, einen Bankkredit oder eine staatliche Förderung zu beantragen. Diese und andere Methoden wie eine Finanzierung über sogenannte „Inkubatoren", „Acceleratoren", „Venture-Capital" oder „Business Angels" (vgl. www.starting-up.de)[10] ist sehr schwierig. Andere versuchen wiederum gleich am Anfang einen Kunden oder Business-Partner zu gewinnen, der einen Zuschuss gibt. Pass aber auf, dass du keine Anteile verkaufst. Eine andere sehr effektive Methode ist an Gründerwettbewerben mitzumachen. Wenn du nämlich eine gute Idee und Produkt/Dienstleistung hast, kannst du dort Preise gewinnen oder Finanzierungen, die dir für deinen Start helfen, erhalten.

Eine andere Variante wäre die interne Finanzierung (so habe ich es gemacht). Du kannst Familienmitglieder um einen kleinen Zuschuss bitten oder du gehst an dein Erspartes, auch als „Bootstrapping" bekannt. Und falls das Ersparte nicht genügt oder du es nicht verwenden willst, gibt es eine einfache Methode, um schnell etwas Geld zu machen: *Ebay*. Verkaufe Dinge, die du nicht mehr brauchst und sowieso nur Platz versperren. Du wirst sehen, dass du damit sehr schnell zu relativ viel Geld kommen kannst. Zumindest zu so viel, dass du mit deinem Unternehmen starten kannst.

Welche Rechtsform dein Unternehmen bekommen soll, ist von Land zu Land aufgrund der rechtlichen Situation ganz unterschiedlich. Zudem kommt es auch drauf an, wie du die Sache angehen möchtest. Viele bevorzugen eine professionelle Unterstützung am Anfang. Auf jeden Fall solltest du dich selbst über die verschiedenen Möglichkeiten informieren. Eine wichtige Überlegung ist sicher auch, ob du alleine oder mit Freunden/Bekannten gemeinsam das Start-up gründen möchtest. Das hat alles Vor- und Nachteile.

Da ich die meiste Zeit meines Lebens in Italien verbringe und ich mich dort ein bisschen besser mit der Rechtsform auskenne, habe ich mich entschieden, den Hauptsitz meines Unternehmens in Italien anzusiedeln. Zudem konnte ich bei vielen Unklarheiten meinen Vater fragen, der selber Italiener ist und ein Hotel auf Sizilien leitet. Das vereinfachte die bürokratischen Abläufe.

Der praktische Teil der Ideenumsetzung ist hiermit voll-
bracht. Wenn du dein Produkt schon entwickelt hast, dann
wirst du sehen, dass du jetzt viel motivierter bist, marketing-
relevante und betriebswirtschaftliche Bücher zu lesen. Und
wenn ich dir noch einen ultimativen Tipp geben darf, dann
ist es der:

Glaube an dich!

Anmerkungen

1. SEO = Search engine optimization (dt. 'Suchmaschinen-optimierung')
   https://en.wikipedia.org/wiki/Search_engine_optimization (12.05.2020)
2. B2B werden Geschäftsbeziehungen zwischen Geschäftspartnern bezeichnet, während es sich bei B2C um Geschäftsbeziehungen zwischen Unternehmen und Konsument handelt. (vgl. https://de.wikipedia.org/wiki/Business-to-Business sowie https://de.wikipedia.org/wiki/Business-to-Consumer (12.05.2020)
3. https://www.it-business.de/was-ist-ein-reseller-a-659860/ (12.05.2020)
4. https://www.seonative.de/seo-ueberschriften-und-html5-sections/ (12.05.2020)
5. https://de.wikipedia.org/wiki/Keyword_(Online-Marketing) (12.05.2020)
6. https://www.youtube.com/watch?v=mgSOoCiLDSw (12.05.2020)
7. https://www.instagram.com/p/Bpe5lLUDcR7/ (12.05.2020)
8. https://www.instagram.com/p/BppTC6HDxJg/ (04.05.2020)
9. https://de.wikipedia.org/wiki/Crowdfunding Crowdfunding-Plattformen verglichen: https://www.marketing-faktor.de/crowdfunding-plattform/ (12.05.2020)
10. https://www.starting-up.de/geld/kredite/unternehmensfinanzierung.html (12.05.2020)